Henry Houssaye

Les Peintures du nouvel Opéra

Critique

ISBN : 978-1984210210

10 9 8 7 6 5 4 3 2 1

Henry Houssaye

Les Peintures du nouvel Opéra

Critique

Table de Matières

Introduction

Il est deux manières d'entendre et de traiter la grande peinture décorative. Les fresques de Michel-Ange, de Raphaël, d'André del Sarto, la *Cène* de Léonard de Vinci, les décorations d'Ingres, de Paul Delaroche, de Flandrin, de Cornélius, d'Overbeck, de Kaulbach, de Puvis de Chavannes, caractérisent l'une. Maîtres et disciples, astres et satellites, ces peintres, tout en conservant leur personnalité, qui s'accuse dans la force ou dans la grâce, dans le mouvement ou dans le calme, dans la largeur ou dans la sécheresse de l'exécution, dans l'harmonie ou dans la froideur du coloris, obéissent aux mêmes principes : la belle et simple ordonnance de la composition, la grandeur et la beauté des types, la noblesse des attitudes, la couleur pâle se tenant discrètement dans l'harmonie sans viser à la vivacité, les tons mats qui n'ont point d'éclat dans les *clairs* et qui se dégradent avec un art infini dans le clair-obscur, le dédain absolu de l'effet. Véronèse, Rubens, Delacroix, sont les chefs de l'école opposée, Là est le triomphe de l'effet, la joie des yeux. Les figures, d'un beau style et d'une allure fière et mouvementée, se meuvent, s'agitent, s'élèvent, fuient ou se rapprochent dans une atmosphère lumineuse. Les rouges vifs, les verts mordorés, les blancs ambrés ou argentins, la riche gamme des carnations ; les jaunes citrins et orangés, les bleus foncés à reflets d'améthyste, les bleus clairs, lointains et vaporeux, les bruns feuille-morte, les roses glacés d'or, les pourpres et les cramoisis éclatent en larges taches avec une magique et souveraine harmonie. À côté de ces deux grandes écoles, les peintres mantouants, les peintres bolonais et les peintres français du XVIIe siècle en ont créé une troisième, qui est bien une école et une bonne école, mais qui n'est pas une grande école. Quoiqu'elle semble procéder des Romains et des Vénitiens, elle n'a ni le haut style, ni les teintes sobres de Raphaël et de Michel-Ange, ni les brillantes beautés de Véronèse. Les figures plafonnent bien, le dessin est savant, les draperies sont traitées avec goût, la composition s'ordonne ingénieusement ; mais les types manquent de caractère, les attitudes sont conventionnelles, la couleur, tout en abusant des teintes foncées, est sans éclat. C'est le style pompeux en peinture, qui d'ailleurs s'accorde bien en architecture avec la pompe du style jésuite et avec celle du style Louis XIV.

Peut-être est-ce parce que ce style pictural convenait aussi à la pompe trop fastueuse de l'architecture du nouvel Opéra que les artistes chargés de décorer ce monument sont allés, pour la plupart, demander l'inspiration aux écoles secondaires. Aucun d'eux n'a été franchement à Venise. MM. Barrias et Delaunay se sont bien mis en route pour Rome, le premier y est même arrivé, mais il n'a pas bougé de la villa Médicis. Pour M. Delaunay, séduit sans doute par les formes aiguës des aloès et des cactus, par les tons métalliques des feuilles de l'oranger, et par le bleu ardent du ciel provençal, il s'est arrêté sur les côtes de la Méditerranée, s'ingéniant à appliquer à ses figures ces contours découpés et ces couleurs tranchantes. Seul, M. Baudry a fui les poncifs, les conventions, les procédés expéditifs et les règles surannées. Celui-là est allé à Rome, et s'est enfermé dans une féconde solitude avec Michel-Ange et avec Raphaël. Il semble aussi qu'en revenant de Rome il se soit arrêté longtemps à Parme, devant l'œuvre du Corrège. Après avoir étudié Michel-Ange, le maître de la force, et Raphaël, le maître de la beauté, peut-être M. Baudry a-t-il surpris quelques-uns des secrets de Corrège, le maître de la grâce, qui est aussi un des maîtres de la couleur. C'est donc sous la triple inspiration de Michel-Ange, de Raphaël et de Corrège, inspiration vivifiée par un tempérament très personnel et rajeunie par un sentiment très moderne, que M. Baudry a conçu et exécuté les peintures du grand foyer.

Section I

L'ensemble des peintures de M. Paul Baudry au foyer du nouvel Opéra comprend un grand plafond central de forme rectangulaire, deux grands plafonds latéraux de forme ovale, douze panneaux en voussure qui, entourés de lourdes bordures chantournées, s'étendent de l'entablement au plafond. Deux de ces panneaux, d'une plus grande dimension, remplissent aux deux extrémités toute la largeur du foyer. Enfin huit colossales figures qui séparent les compositions des voussures, et dix panneaux ovales en dessus de porte. Ce gigantesque travail ne contient pas moins de 450 mètres superficiels de peinture. Quand on songe que ces 450 mètres carrés, — de quoi construire un palais, — sont peints avec le soin passionné du véritable artiste qui, rêvant la perfection, ne donne qu'à regret le dernier coup de pinceau, quand on songe que chacune de ces compositions pourrait être descendue de la hauteur ridicule où on les a placées et être posée, sans y perdre, sur la cymaise d'une exposition, on conçoit qu'une telle œuvre ait exigé du peintre dix ans d'un travail claustral et acharné.

Le grand plafond central est consacré, ainsi qu'il convenait dans ce temple de la musique, à l'Harmonie et à la Mélodie, ces deux sœurs qui rappellent trop souvent les fils d'Œdipe et dont cependant l'union seule crée une œuvre immortelle, comme le *Don Juan* de Mozart. C'est dans le ciel pur, à cent mille pieds au-dessus des frises des théâtres et des luttes d'école, que s'accomplit le divin mariage. Deux figures enlacées s'élancent à travers l'espace. La Mélodie, en palla verte, chante ; l'Harmonie, vêtue de bleu, porte un violon. Ce groupe est confus. Les couleurs des draperies s'atténuent l'une l'autre, et ces jambes et ces bras qui se joignent et qui se confondent sans qu'on sache bien à laquelle des deux femmes ils appartiennent rappellent un peu le *Plat de grenouilles* de la coupole de Parme. Il est vrai qu'il est permis d'avoir quelques-uns des défauts du Corrège, quand on a plus d'une de ses qualités. À droite de ce groupe, la Poésie, la tête ceinte d'or et le corps drapé de pourpre, est emportée au galop aérien de Pégase. Cette figure équestre, qui sillonne le ciel d'un éclair rouge, est superbe, presque divine ; elle a une hardiesse et un enlèvement indicibles. C'est grand comme l'ange de l'*Héliodore chassé du temple*, de Delacroix. De l'autre côté, à gauche du groupe principal, la Gloire plane ou plutôt flotte : l'air suffit à cela ; mais cette grosse figure, perdue dans ses draperies rouges, n'a pas le ressort nécessaire pour s'élever et aller dans l'éther rejoindre l'ardent Pégase. Une large balustrade de marbre blanc, surmontée de hautes arcades en perspective, encadre le ciel et lui donne une grande profondeur. Autour de cette balustrade, le peintre a placé une foule d'adorables amours dans les poses les plus variées et les plus charmantes.

Après l'Harmonie et la Mélodie, la Tragédie et la Comédie ; à côté de l'art de Mozart, l'art de Molière, qui l'inspire et en reçoit une vie nouvelle. Dans un ciel orageux, déchiré de fulgurants éclairs, Melpomène, calme et inflexible comme le destin, est assise sur le trépied des pythies. Ce trépied pose d'une façon assez peu explicable sur un aigle au bec tendu et menaçant, aux grandes ailes déployées.

La muse tragique, le glaive à la main, est renfermée en elle-même, comme ces belles têtes antiques dont les yeux sans. prunelles vous fixent et vous pénètrent de leurs regards d'aveugle. Elle ne daigne pas laisser tomber les yeux vers la terre, où elle a déchaîné tous les crimes, où Thyeste mange ses enfants, où Clytemnestre massacre son époux, où Oreste assassine sa mère, où Étéocle et Polynice s'entre-tuent. L'Épouvante, en tunique d'un violet très pâle dont la teinte se réfléchit sur sa face terrifiée, semble en proie à quelque horrible vision. La Pitié, vêtue de deuil, a l'attitude des suppliantes. Elle regarde l'orbe de la terre, sorte d'immense émeraude éclairée par un feu de Bengale bleu, qui roule dans l'immensité. La Fureur, l'œil injecté de sang, grimaçante, livide, portant en mains le poignard et la torche, fond sur sa proie comme un épervier. Cette figure, qui tombe toute droite, d'une seule pièce, la tête en bas, égale les plus hardis raccourcis des maîtres. La composition de ce tableau est bien ordonnée. La couleur est vive et harmonieuse dans une gamme très variée. On pouvait craindre, à l'exposition de l'École des Beaux-Arts, que la draperie noire de la Pitié ne *fît trou* dans la toile quand elle serait en place ; mais cette draperie a pris une certaine transparence dans les reflets qui l'éclaircit singulièrement.

Pour Thalie, le ciel s'est rasséréné. Il est d'un bleu ardent, à peine estompé par places de légers nuages blancs et roses comme le plumage des colombes. Thalie, drapée d'un pallium blanc frangé d'or, s'élance avec une gaie fureur du haut de l'empyrée. Dans la main droite, elle brandit une poignée de verges ; de la main gauche, elle précipite un grotesque, à masque de faune, et lui arrache la peau de lion dont il s'est affublé. Le faune roule en tombant comme un damné du jugement dernier. L'Esprit, tout en rouge, l'étincelle au front, — figure en raccourci, d'une étonnante hardiesse et d'un jet superbe, — lui darde une dernière flèche, tandis que l'Amour, un sourire moqueur aux lèvres, va à d'autres victimes. L'œuvre est en tout point réussie, la couleur claire et lumineuse charme, le dessin, si audacieux, surprend. Peut-être M. Baudry fait-il jouer un rôle singulier au Satyre en le transformant en Cassandre de comédie ou en traître de mélodrame. Dans la fable, le Satyre, tout laid qu'il soit, a une beauté étrange ; il trompe les autres et n'est pas trompé ; il bat les autres et n'est pas battu. Il effraie dans les bois les jeunes filles et les belles nymphes, mais il est craint plus encore des pères et des maris. D'ailleurs qu'importe ? M. Baudry n'a pas eu la prétention de faire un cours de mythologie. Un type de faune était nécessaire à sa composition ; il a eu raison de prendre ce type. Des fâcheux ont dit aussi que sa Comédie n'est pas la Comédie d'Aristophane, celle-là qui fustigeait si cruellement les Cléon, les Hyperbolos et les autres acteurs de la scène politique. Soit, mais si cette figure, qui est tout charme, tout esprit, toute grâce, n'est pas la muse d'Aristophane, d'Eupolis, de Gratinus, elle est la muse de Ménandre, de Plaute, de Molière ; elle est la muse de tous les temps, elle est la muse de la gaîté qui chante et du rire qui éclate.

La grande voussure de gauche représente le Parnasse. C'est au plus haut sommet du mont, tout baigné de lumière. Apollon vient de descendre de son char, dont les chevaux sont retenus par les Heures. Légères et impondérables comme la vapeur du matin, diaphanes comme la corolle de la fleur, elles se détachent en clair sur le ciel d'un bleu ardent et d'une transparence prestigieuse. Une chlamyde rouge orangé, jetée sur les épaules d'Apollon, laisse voir le dieu dans sa divine nudité. Il rayonne de lumière, et, par un artifice bien digne de M. Baudry, on ne sait si Apollon est éclairé par la lumière ambiante ou si c'est de lui-même qu'émane cette brillante lumière qui resplendit sur toute la scène. Auprès d'Apollon vole Éros, armé de l'arc et du flambeau. Les Grâces, placées à la droite d'Apollon, lui présentent la lyre et le plectrum d'ivoire. Ces trois figures nues forment un groupe marmoréen dont la blancheur mate attire et repose les regards au milieu des flots de draperies multicolores des autres figures. Toutefois ces Grâces paraissent un peu lourdes de formes et un peu courtes de proportions. On peut douter qu'elles aient les « sept têtes, trois parties, six modules » des canons grecs. Près des Grâces, des muses se groupent en des attitudes variées. Vêtue de vert, Clio, la grande muse de l'histoire, embouche la trompette. À côté de Clio se profile la magistrale silhouette de Melpomène. Une étroite et longue robe, d'un rouge vif égratigné de blanc dans les lumières, moule son beau corps ; un corselet d'acier enserre sa taille ; son masque, relevé sur sa tête, a l'aspect d'un casque. Il y a en elle de l'Amazone et de la Bradamante. Contraste charmant, la langoureuse Érato, la muse de la poésie légère, svelte, ondoyante, gracieuse, autant que la sévère Melpomène est noble, belle, majestueuse, s'entretient dans une attitude abandonnée avec

Mozart, que vient d'amener Mercure, conducteur des ombres. À la suite de Mozart s'avancent Beethoven, Gluck, Lulli, Haydn, Meyerbeer, Rossini, Hérold, Auber. M. Baudry a bien rendu le type de Mercure, mais la draperie bleu foncé dont il l'a enveloppé détonne au milieu des notes sobres du cortège des musiciens et des notes claires des muses. Ce bleu malencontreux est certes d'un beau ton en soi-même, mais il produit là l'effet d'un coup de trompette éclatant soudain au milieu d'un unisson d'instruments à cordes. Du côté droit du panneau, au second plan, se tiennent les autres muses, Thalie en rose jaune, Calliope en vert tendre, Euterpe en rose, Uranie en blanc, Terpsichore en bleu, Polymnie en lilas. Il y a une harmonie et une fraîcheur incomparables dans ce concert de tons clairs. Au premier plan, tenu tout entier dans des teintes plus discrètes, Castalie, la fontaine poétique, est personnifiée par une jeune femme nue, étendue à terre, la tête couronnée de roseaux. La nymphe laisse tomber de son urne un filet d'eau cristallin qui va bientôt former la source sacrée ; sur ses bords folâtrent des amours ailés et des génies enfants. Celui-ci emplit une coupe d'or, celui-là tresse une guirlande de fleurs aquatiques ; un autre lutine un beau cygne et l'empoigne à pleins bras par son long cou blanc. C'est d'une grâce exquise.

Dans les croyances primitives, les poètes marqués du sceau divin étaient les prophètes des dieux, les civilisateurs des peuples, les initiateurs de l'humanité. M. Paul Baudry a symbolisé cette grande idée dans une toile qui fait pendant au Parnasse. Là-bas, c'était le panthéon mythologique ; ici, c'est le panthéon idéal. Au fond se développent les grandes lignes d'un édifice d'ordre dorique, l'ordre le plus ancien de l'architecture grecque. Sur les marches de marbre apparaît le vieil Homère, le grand aveugle, dans une tournure d'apothéose. Les haillons du rhapsode mendiant sont tombés pour faire place à un pallium d'un blanc éclatant, le bâton s'est transformé en un long sceptre d'ivoire. Homère tient dans sa main gauche un rouleau de papyrus : l'*Iliade* et l'*Odyssée*, auxquelles Alexandre donnera plus tard une cassette d'or et qui resteront dans la mémoire des hommes, comme le premier et le dernier livre. Au-dessus de la figure statuaire d'Homère plane la Poésie, portant la lyre et déployant de vastes ailes d'azur. À gauche, on distingue ou plutôt on ne distingue pas un groupe très confus.

C'est, paraît-il, Pindare et un vainqueur aux jeux isthmiques, chargé du trépied sacré. Il symbolise, dans la symbolique de M. Baudry, l'alliance de la beauté plastique et de la poésie lyrique. Près de ce groupe, voici Polyclète avec sa masse de sculpteur et la maquette d'une statue de Minerve. Sur le premier plan s'avance Achille, figure svelte et nerveuse, pleine de mouvement et de fierté ; mais pourquoi le peintre a-t-il marqué le type arabe sur ce visage de héros grec ? Il brandit épée et javeline, et s'élance en avant, irrité et impétueux, comme pour venger la mort de Patrocle. Tel le héros devait être quand il courait à la poursuite d'Hector sur les bords du sinueux Scamandre. De l'autre côté d'Homère, car la composition, très embrouillée dans les détails, est symétrique dans l'ensemble, Polygnote en chlamyde verte, adorable type androgyne qui rappelle un peu l'Apelles de l'*Apothéose d'Homère*, personnifie la peinture, Platon, tout en rouge, la poésie, et Jason la navigation. Au premier plan, un athlète du stade d'Olympie, son sac de sable et sa fiole d'huile à terre, veut arrêter un cheval emporté qui se cabre ruisselant d'écume et le feu dans les naseaux. À la droite d'Homère, au troisième plan, Orphée, vêtu de blanc, marche la lyre en main vers les forêts antiques, demeures des vieux Pélasges. Une chevelure blonde encadre son pur visage, d'une expression angélique, mais peut-être un peu trop féminin. Dans sa route, il charme les oiseaux et dompte les fauves ; les colombes se posent sur sa lyre, un lion se roule à ses pieds. Dans l'angle de la toile, au premier plan, une famille primitive est accroupie autour d'un feu. Il y a dans ce groupe, que malheureusement cachent en partie les lourds ornements des bordures, un torse de femme nue qui comptera dans les plus belles choses de la peinture. Le modelé est souple, puissant, la touche solide, le dessin ample et sûr. Le type est une création. C'est la force, la beauté et la grâce dans ce qu'elles ont de plus achevé. À la gauche d'Homère, Hésiode préside aux travaux des champs. Il semble bénir trois laboureurs qui domptent des bœufs et les soumettent au joug. Au troisième plan, dans la pénombre, un groupe d'architectes et de carriers entourent Amphion. Aucune description ne pourrait donner une idée juste de cette composition confuse et tourmentée. Il semble que, traitant à peu près le même sujet que M. Ingres dans l'*Apothéose d'Homère*, M. Baudry ait craint de faire une contre-épreuve de ce chef-d'œuvre. Il a donc cherché à s'en éloigner le plus possible. Où Ingres avait mis la simplicité et la tranquillité, Baudry a mis la complication et le mouvement. Ingres avait peint Apelles, Baudry a peint Polygnote ; Ingres avait peint Phidias, Baudry a peint Polyclète. Il n'y a pas moins de désordre dans la conception que dans la composition. Comment admettre Platon pour personnifier la poésie, lui qui chassait les poètes de sa république idéale ? Comment compter Achille au nombre des civilisateurs ? Achille, le plus violent et le plus cruel des guerriers grecs, le héros des massacres et des villes mises à sac ? C'est Alexandre qui a porté en Asie la civilisation hellénique. Achille, Agamemnon, Ajax, Ulysse, Diomède, n'y avaient laissé que des ruines.

Le grand plafond figure le triomphe de l'art ; les deux plafonds latéraux montrent le génie tragique et le génie comique ; les deux grandes voussures qui se font face aux extrémités du foyer représentent la cité des dieux et la cité des poètes, ces autres dieux qui ont aussi des autels que gardent pieusement

Les générations, immortelles vestales.

Les dix panneaux qui courent le long de la voussure vont nous montrer la musique dans ses transformations, dans ses créateurs et dans ses créations, dans les crimes qu'elle a inspirés, dans les extases qu'elle a données, dans les exploits qu'elle a fait accomplir. Tout d'abord voici le *Jugement de Pâris*. Nous ne voyons pas trop quel rapport ce concours de beauté peut avoir avec la musique. Heureusement que nous recourons au petit livret de M. Edmond About, qui s'est fait le mystagogue de cette théogonie. Il nous apprend que cette scène « représente le triomphe de la beauté, but suprême et dernière fin de tous les arts. » Cette explication donnée, nous n'avons plus qu'à admirer cette belle scène, qui n'a peut-être pas cependant autant de calme qu'il en faudrait pour d'aussi augustes personnages. Au premier plan, Vénus, à laquelle Paris vient de donner le prix, se penche vers le jeune berger. Nue, dans la pose pudique de la Vénus de Médicis, la déesse réalise l'idéal de beauté et de charme qu'on s'en fait. Les contours souples et moelleux accusent les formes sans les circonscrire. Assis sur un rocher, Pâris regarde les trois déesses avec une certaine indifférence qui ne lui messied pas. Il sait qu'il est là comme juge et non comme amant, et il prend son parti avec philosophie. Il porte un pantalon vert-bleu très fin de ton ; une peau de brebis marquée de noir lui couvre les épaules ; sa coiffure consiste en un bonnet phrygien vert-pâle. Cet accoutrement archaïque est du meilleur effet. Près de Pâris, Mercure, qui l'a amené, semble approuver son jugement. La Victoire flottant dans le ciel va couronner Vénus. Le premier plan du côté droit est occupé par le groupe des belles vaincues, Minerve et Junon, que l'Amour, l'enfant terrible de l'Olympe, raille de leur défaite. Vue de dos, Pallas encore sans vêtements, mais le casque en tête, s'apprête à revêtir son péplum. Junon offensée se tourne vers Pâris avec un geste de menace. Les deux figures sont parfaites, sauf le bas de la jambe de la Minerve, lourd et engorgé, et peut-être Pâris s'est-il décidé un peu vite. Ce qu'on peut reprocher à l'œuvre, c'est que les trois déesses se ressemblent trop. On dirait trois sœurs, ou plutôt une seule femme présentée de face, de dos et de profil. Hérésie mythologique qui nous choque : de Junon, de Vénus et de Minerve, c'est Vénus qui prend l'attitude la plus digne et la plus pudique. M. Paul Baudry n'eût-il pas rajeuni et rendu sien ce sujet, dont on a tant abusé, s'il eût peint chaque déesse dans le caractère propre de sa beauté et de ses formes, s'il eût marqué pour jamais son type d'après les traditions de la poésie et de l'art ? Pourquoi n'a-t-il pas voulu accuser plus encore la jeunesse et la séduction de Vénus, peindre la déesse dans l'aurore de sa beauté alors que, dit l'Anthologie grecque, « ses seins se gonflent comme des pommes de coing ? » N'y avait-il pas à représenter Junon au contraire dans sa majestueuse quiétude, dans sa maturité radieuse ? Et pouvait-on oublier que Minerve a les hanches étroites, la gorge peu abondante, comprimée sans cesse par l'égide, les épaules hautes, les bras nerveux ? Si le tableau avait été conçu ainsi, on se fût dit au premier coup d'œil : Celle-ci est Vénus, celle-là est Minerve. Au lieu de cela, on cherche Vénus, on cherche Minerve, et, ne fussent le casque de l'une et la Victoire qui couronne l'autre, on ne les découvrirait pas.

Tout n'est peut-être pas symbolique dans les légendes païennes. La légende de Marsyas, qui, vaincu après avoir osé défier Apollon dans une lutte d'harmonie, fut écorché vif d'après les ordres du dieu, — Apollon a parfois de ces férocités : qu'on se rappelle le massacre des Niobites, la peste décimant les Grecs devant Troie, — n'avait pas encore eu d'explication. M. Baudry, qui se fait ici disciple de Voss, pense que c'est le symbole du triomphe de l'art idéaliste sur l'art réaliste. Les Grecs, qui ignoraient le réalisme et l'idéalisme, pour employer ces vocables barbares, ne pensaient guère à cela ; mais l'interprétation est ingénieuse et mérite de rester. L'audacieux satyre est attaché au pin qui doit servir de poteau de supplice. Les morceaux de sa flûte brisée sont épars dans l'herbe. Des Scythes, qui se font bourreaux après avoir été juges, aiguisent leurs couteaux. L'un d'eux commence déjà à pratiquer des incisions sur la chair frémissante du patient. Apollon, encore tout courroucé, préside au supplice. Cette toile, qui paraissait à l'École des Beaux-Arts avoir des tons un peu heurtés, a infiniment gagné en place. Ces heurts de couleur font de vigoureux contrastes qui ressortent à merveille dans l'immense cadre d'or du foyer.

Dans cette vaste décoration, qui est comme l'encyclopédie figurée de la musique, le peintre ne devait pas se montrer exclusif. Il avait à prendre des types et des scènes aussi bien dans l'histoire sacrée que dans l'histoire profane. À l'*Iliade*, à la *Théogonie*, aux *Métamorphoses*, il fallait joindre la Bible, les Évangiles, la Vie des Saints. La musique, sinon l'opéra, joue un grand rôle dans l'iconologie judéo-chrétienne avec ses chants et ses cantiques, ses orgues et ses théorbes. Depuis le divin peintre de Fiesole, ne représente-t-on pas le paradis peuplé d'angelots et de séraphins, de trônes et de dominations pinçant de la harpe et raclant de la viole ? « Toutes les fois que l'esprit malin envoyé du Seigneur se saisissait de Saül, David prenait sa harpe et la touchait de sa main, et Saül en était soulagé et se trouvait mieux, car l'esprit malin se retirait de lui. » C'est ce verset du *Livre des Rois* que M. Baudry a dramatisé. Le panneau est comme coupé en deux parties. D'un côté la tente du roi s'ouvre sur le camp, dont on aperçoit au loin les sentinelles. Saül est prêt à se lever de son lit de repos, vaincu et attiré par les sons de la harpe. Jonathas et Michol essaient de le retenir tandis qu'ils font signe à David, qui joue de la harpe à l'entrée de la tente, de se retirer. Cette scène n'est pas seulement nettement scindée comme composition, elle l'est aussi comme ton. Ici l'obscurité bleue, éclairée par une sorte de lumière électrique. David a moins l'air d'un être humain que d'une apparition surnaturelle. Certes, s'il approchait de lui, le vieux roi si souvent hanté par les esprits s'enfuirait pris d'épouvante. Là, la coloration dure et terne de l'école classique du premier empire ; on chercherait en vain dans cette voussure la vive originalité du peintre du *Parnasse*.

Cette originalité, avec sa grâce et sa puissance, nous la retrouvons dans le *Rêve de sainte Cécile*. M. Baudry ne voulait pas, après Raphaël, représenter la sainte dans son apothéose. Il l'a humanisée ; du ciel, il l'a fait descendre sur la terre. C'est la nuit. La lune d'Orient, cette lune qui, a dit le poète, est plus brillante que le soleil du nord, éclaire la scène. Cécile, épuisée par le chant, s'est endormie sur la terrasse de son palais. Ses instruments de musique gisent épars autour d'elle ; mais dans son sommeil la chrétienne, la sainte est sous l'influence d'une vision extatique. Devant elle, trois anges se groupent, comme des grâces orthodoxes, dans un jeu de lignes simple et souple, pour lui donner une divine sérénade. Ces trois anges sont trois femmes qui ont d'abord été dessinées nues, nous avons vu le carton original. C'est la plus merveilleuse vision des Grâces qu'ait jamais évoquée un grand artiste. Une troupe de séraphins descendue des hauteurs du firmament voltige au-dessus de la sainte endormie. Ces anges ont un peu trop d'écarts de jambes et de renversements de torses. C'est moins une théorie qu'une cavalcade. Ils ont des têtes de béatifiés, mais pourquoi ces postures de réprouvés précipités du ciel ? D'ailleurs on ne saurait trop louer leurs formes élégantes et leurs hardis raccourcis. La sainte, bercée par l'harmonie céleste, a une expression d'une douceur indicible. Son visage reflète la suprême félicité qu'elle ressent aux purs cantiques des envoyés de Dieu. M. Baudry a donné là une des grandes impressions de l'art spiritualiste. On sent que la sainte rêve ces songes dorés que fra Angelico faisait transparaître sur ses figures virginales qui ne tenaient plus à la terre et qui semblaient prêtes à s'envoler au paradis sur un nuage d'encens.

Orphée est un des plus favorisés parmi les types illustres auxquels l'artiste a donné droit de cité dans son panthéon. Dans le tableau des *Poètes*, il charme les bêtes fauves des accords de son plectrum d'ivoire. Deux autres traits de sa légende ont été peints par M. Baudry : sa descente aux enfers et sa mort tragique. Le poète a vaincu l'inflexible Pluton. « À ses paroles, dit Ovide, pour la première fois les Furies ont pleuré. » Le dieu de l'Hadès lui a rendu Eurydice, mais à cette condition qu'il ne devra pas s'arrêter pour la regarder avant d'être sorti de l'empire des ombres. Orphée touche aux bornes de l'Averne. Plein d'impatience, il se retourne, et Mercure psychopompe, qui a conduit Eurydice jusqu'aux limites du monde des ombres, l'y rentraîne, morte pour la seconde fois, tuée par le regard d'amour de son mari. Orphée tend en vain les bras vers elle pour la saisir, Eurydice n'est déjà plus qu'une ombre blanche et vaporeuse. Au troisième plan, dans les pénombres du fond, Ixion tourne crucifié sur sa roue, Sisyphe roule son rocher, le chien tricéphale hurle, et on voit passer la barque fatale de Caron, le nocher des morts. Le Mercure, d'un fort beau galbe et d'un type juste, porte sur les épaules une draperie pourpre très sombre. Cette draperie, dont on ne peut deviner les attaches, fait un trou dans la toile et semble comme l'antre d'une caverne. La douleur d'Orphée est expressivement rendue. Le mouvement du bras élevé au-dessus de la tête et la cachant en partie est une concession à l'école réaliste, encore que M. Baudry inflige aux adeptes de cette école un si terrible châtiment dans la personne de Marsyas. Autant dans un tableau rempli de figures, comme le *Saint Symphorien*, l'*Entrée des croisés à Constantinople*, l'*Orgie romaine*, il est admissible que quelques visages soient cachés, autant ceci doit être évité dans une composition de trois figures.

À cette toile, il semble donc que celle qui représente la mort d'Orphée doive être préférée. Au milieu d'une vaste prairie d'un vert tendre, le poète chassé, couru, forcé comme une bête par les ménades indomptées, vient de tomber épuisé. A demi mort, il n'attend plus que le coup de grâce. La troupe des femmes thraces, enivrées par la chasse, l'œil enflammé, la gorge au vent, la chevelure flottante, accourt à la curée humaine. Les unes sont tout à fait nues, les autres à peine couvertes de légères draperies. Au premier plan, une bacchante se renverse en arrière, dans un superbe mouvement, pour entraîner Orphée jusque dans les eaux de l'Èbre. D'autres s'acharnent sur lui, le déchirent, le frappent, le griffent. Au second plan, on voit arriver un nouveau groupe de thyades furieuses. Tout au fond, d'autres pourchassent un daim. Ces femmes maigres, nerveuses, échevelées, sont bien les ardentes femelles des satyres et des papposilènes. La tonalité générale est brillante et harmonieuse. Le vert du gazon qui s'étend uniformément, presque sans dégradations, du premier au quatrième plan, et sur lequel se modèlent ces corps blancs et flottent ces draperies de nuances claires, tenues dans des tons frais et transparents, est d'un effet enchanteur. À voir ces tourbillonnements vaporeux sur cette teinte plate, il semble qu'on ait la vision de ces adorables danseuses d'Herculanum qui se détachent en clair sur un fond uni.

La danse héroïque apparaît avec le tableau de Jupiter et des corybantes. Le dieu enfant est caché dans l'île de Crète, loin de la dent vorace du vieux Saturne ; mais le nouveau-né crie, et ses vagissements peuvent se faire entendre jusqu'à la voûte des cieux. Les curètes, les corybantes, les cabires et les telchines, ses vigilants gardiens, dansent autour de lui une ronde tumultueuse, sautant, bondissant, hurlant, choquant des épées et des boucliers, agitant des tympanons, frappant des cymbales d'airain. Au milieu de la composition, une femme qui pourrait être Rhée ou quelque nymphe crétoise contemple avec l'expression d'une vierge-mère chrétienne l'enfant divin qu'elle tient entre ses bras. Dans ce tableau, M. Paul Baudry, qui aime le mouvement et qui l'aime peut-être un peu trop, à notre point de vue sans doute exagéré de fanatisme pour l'art antique, a pu librement s'y livrer, car le mouvement était dans le caractère même de la scène. On ne devrait pas représenter les corybantes, « ces dieux bondissants et tourbillonnants, » dit l'hymne orphique, dans les attitudes calmes et tranquilles des olympiens.

La danse des cabires, c'est la danse héroïque des peuples primitifs, des races jeunes et fortes. Voici dans *Salomé* la danse licencieuse des nations à leur déclin, des civilisations énervées et corrompues, de la Rome des césars, de la Byzance des empereurs et des pachaliks des sultans turcs. Voici la danse des antiques saltatrices et des modernes aimées, la danse des reins et la danse du ventre. Dans un riche atrium, le tétrarque Hérode est à demi couché sur un sofa (*accubitum*) tendu d'une étoffe jaune. Devant lui, l'impudique Salomé, entièrement nue sous un voile transparent, danse en faisant claquer des crotales d'or. Une esclave accroupie aux pieds du tétrarque accompagne la danse sur la cithare, dans une de ces cadences lentes et monotones que la musique arabe nous a conservées. Le tétrarque est sous le charme. Hérodiade, qui se tient derrière lui, tend à un esclave un plat d'argent qu'il lui rapportera bientôt tout ensanglanté avec la tête de saint Jean-Baptiste. Il faut admirer la figure de Salomé ; ses formes sont grasses et fortes. Sa chair, d'une excessive blancheur, est modelée en pleine pâte avec une rare énergie. Il y a des flexions de reins et des mouvements d'épaules d'un rendu étonnant, qui ne sont exprimés que par les saillies et les dépressions des chairs sous l'action des muscles. C'est ce qu'on appelle « un magnifique morceau » en terme d'atelier.

Dans *l'Assaut*, M. Paul Baudry symbolise la musique guerrière, les hymnes de Tyrtée aussi bien que les strophes de Rouget de Lisle, et ces terribles rythmes des batailles que les hoplites Spartiates entendaient siffler dans les flûtes aiguës et que les troupes modernes entendent gronder dans les tambours. *L'Assaut* est inspiré par ces sauvages mélopées qui, éclatant dans les combats, rapides, furieuses, haletantes, enivrent les plus vaillants et entraînent les plus timides, font un héros du dernier conscrit et un Cynégire de ce zouave de l'Alma qui, le poignet brisé par une balle, empoigne son clairon de l'autre main et continue à sonner. Le premier plan, à gauche, est occupé par un groupe de trompettes casqués de têtes de lions dont les fauves crinières tombent sur leurs épaules. Des guerriers s'élancent à l'assaut d'un retranchement de terre. Ils courent, ils volent ; l'élan est d'un grand et magnifique mouvement. Quelques-uns, frappés par les flèches et les pierres, roulent à terre. Ils tombent, comme le soldat tombe, lourdement et sans gestes. Ils ne prennent point les poses nobles que l'école de David a préconisées. Un des guerriers, tout nu, le glaive haut, la face convulsée de fureur, est d'une si superbe hardiesse qu'on lui pardonne volontiers l'écartement démesuré de ses jambes, qui est plus d'une salle d'escrime que d'un champ de bataille. C'est un Ajax furieux qui a la folie du sang et la soif de la mort, qu'il la donne ou qu'il la reçoive. Au milieu de ce tumulte où flottent les étendards de pourpre et où brillent les éclairs d'acier des épées, se tient à cheval, dur et impassible, le général. Sa fière silhouette domine toute la scène. Le chef garde son calme dans la mêlée. Il donne l'ivresse sans la partager, il déchaîne la foudre sans en être brûlé. C'est un vrai Romain. Il a le cœur au triple airain. Dans le ciel nuageux, Bellone plane sur la mêlée en chantant le péan des batailles.

Après l'hymne héroïque, la cantilène agreste, le chant d'amour après le hurlement de guerre. La poésie pastorale, personnifiée par les *Bergers*, a inspiré à Baudry peut-être l'œuvre la plus parfaite de toute sa décoration. Dans un frais vallon de cette campagne d'Éphèse célébrée par Longus ou de cette Sicile chantée par Théocrite, bergers et chevriers se reposent, tandis que leurs troupeaux paissent au loin. Les plus jeunes, groupés sous un arbre au feuillage d'un vert rompu, se disputent le prix de l'harmonie. L'un joue de la syrinx, ses compagnons l'écoutent en attendant leur tour. Sur l'herbe, devant eux, sont les rustiques prix du concours : un chevreau blanc, une coupe de hêtre. Au premier plan, à droite, une jeune femme agenouillée trait une brebis. Dans le fond, un vieux bouvier, revenu de ces plaisirs enfantins, rappelle au son de la cornemuse ses bœufs égarés. Cette scène est vraiment antique. Il s'en dégage une impression de calme et de sérénité qu'on n'est point accoutumé de trouver dans les œuvres inquiètes et tourmentées de l'art moderne. Aucun mouvement forcé, aucun geste cherché, aucune note bruyante. C'est l'harmonie elle-même, l'harmonie des formes, des groupes, des couleurs. Les figures, tenues dans une gamme mate, ont la pureté du dessin, le relief du modelé. La femme nue, agenouillée, vue de profil, qui ressemble extrêmement, comme type de beauté, à la femme primitive du tableau des *Poètes*, est admirable. Le paysage, d'un vert tendre, avec des lointains bleuâtres et dégradés, est d'une fraîcheur et d'une virginité de touche incomparables. C'est la main d'un maître qui a signé cette toile.

Section II

À l'origine, l'œuvre de M. Paul Baudry au nouvel Opéra devait, assure-t-on, se borner à ces trois plafonds et à ces douze voussures, reliées entre elles par huit grandes figures de stature colossale représentant les Muses, exécutées en ronde bosse par quelque habile statuaire. C'est M. Paul Baudry qui a proposé de remplacer les figures sculptées en haut-relief par des figures peintes en feint-relief sur fond d'or. Le peintre a conçu ses muses dans de telles proportions qu'il a dû, pour qu'elles tinssent dans la voussure, les représenter assises. Droites ou inclinées, penchées en avant ou renversées en arrière, les Méonides sont toutes assises. Cette pose donne lieu à des lignes brisées, courbes, serpentines, variées à l'infini, qui ne se retrouveraient pas dans des figures debout, lesquelles auraient toute la rectitude de cariatides ou d'erréphores.

Peut-être aussi en auraient-elles la majesté ; mais la majesté n'est pas ce qu'a cherché M. Baudry dans ses muses. Il n'a pas seulement fait d'elles des muses modernes, il a fait d'elles des muses parisiennes. On ne saurait regretter cette inspiration originale, puisque M. Baudry a réussi à peindre de belles figures qui marqueront dans l'histoire de l'art ; mais que ces muses soient des muses, c'est ce dont on peut douter. Les formes massives et grandioses de ces figures, conçues pour le corps dans le parti-pris de force et de grâce de l'*Ève* de Michel-Ange, sont dignes des marbres antiques, mais leur physionomie est toute contemporaine. On est plus accoutumé de la voir sous la voilette d'une jolie comtesse que sur le masque des statues grecques. Ces têtes-là sont plutôt créées pour sourire dans un salon aux galanteries et aux spirituels riens de la conversation moderne que pour inspirer de grandes œuvres et de grandes actions. Si charmantes que soient ces muses, peut-être M. Baudry eût-il obtenu un bien autre effet, s'il les eût peintes d'après les types consacrés. Ce qui est certain, c'est que celles de ses muses qui donnent l'impression la plus grande sont celles-là mêmes dans lesquelles on retrouve l'austérité des modèles antiques : l'archétype grec, d'une éternelle jeunesse, n'a pas besoin d'être rajeuni. La Melpomène, une muse celle-là, encore qu'elle soit plongée dans une mélancolie un peu romantique, est admirable. Sa belle tête antique, coiffée du masque tragique, émerge d'un flot de draperies rouges et vertes, accord de tons violents d'une intensité inouïe. La Clio dépasse encore Melpomène par la beauté et le caractère dans sa pose à la Raphaël. Vêtue de pourpre et de vert clair, elle tient dans sa main la trompette héroïque et regarde les tablettes de marbre blanc où sont consignés les grands faits de l'histoire. Nous en avons fini avec les muses antiques, voici les muses modernes. Érato, une jeune fille, presque une petite fille, à formes de femme, cache un billet dans son sein. Son geste est charmant et naturel ; sa jolie tête espiègle, — un Greuze, mais un Greuze contemporain, — sourit innocemment. Le rose aux clairs presque blancs de la robe ménage, dans une tonalité très fine, le passage du violet du corsage au vert pâle de la jupe de dessous. Une sphère armillaire à ses pieds, Uranie, dans sa stola lilas, ceinte d'une écharpe bleue constellée d'or, lève les yeux au ciel ; Euterpe s'appuie sur sa double flûte ; Calliope, l'air irrité, tient son style dans une main et froisse un papyrus de l'autre main. La Thalie est surtout remarquable par l'effet hardi de sa draperie jaune vif qui ressort en clair sur l'or du fond. Déchevelée et la tunique dégrafée, Terpsichore ploie la jambe droite et l'appuie sur la gauche pour rattacher sa crépide. Cette figure, largement dessinée, se détache en relief par un modelé puissant qui accuse le mouvement et la vie. La robe, d'un blanc très rompu et laissée en partie dans la demi-teinte, est traitée avec une science merveilleuse du clair-obscur. La tête, qui s'avance en pleine lumière, respire la jeunesse, la grâce, la bonté. Dans vingt ans, on dira que la *Terpsichore* est un chef-d'œuvre.

On s'est montré pour ces figures sévère jusqu'à l'injustice. Une fois admis le parti-pris, d'ailleurs discutable, de M. Baudry, qui n'a point voulu peindre des muses antiques, il n'y avait plus qu'à louer ces belles silhouettes, ce dessin large, ces lignes souples, ce ferme modelé et cette merveilleuse couleur. M. Paul Baudry, qui pour ses voussures avait mis comme une sourdine à son pinceau, s'est abandonné, dans ces figures peintes sur fond d'or et en pleine lumière, à toutes les fantaisies, à toutes les aspirations de son tempérament de coloriste. Baudry est un coloriste non-seulement par l'instinct de la couleur, qui ne s'acquiert pas, mais par cette science des couleurs qui se déduit presque mathématiquement. Dans ces huit figures, les couleurs-mères, savamment juxtaposées à côté de leurs complémentaires, prennent une mutuelle vigueur ; les nuances composées parcourent leur gamme infinie dans leurs accords et dans leurs contrastes ; toutes les dégradations des rouges et des verts, des violets et des jaunes, des bleus et des orangés, se fondent et s'allient dans une claire harmonie aussi vive qu'originale.

Les amours, ou à mieux dire les génies enfants des dix médaillons ovales qui surmontent les grandes baies du foyer, personnifient la musique instrumentale chez tous les peuples. C'est un musée tout autrement complet que la collection du Conservatoire, qui contient pourtant, comme chacun sait, un luth du temps de Henri IV et la harpe de la princesse de Lamballe. Voici les Grecs avec leurs lyres tétracordes, hexacordes et heptacordes, leurs tympanons à grelots, leurs syrinx formées de sept tiges de roseaux, et leurs doubles flûtes, mariage de la flûte mâle et de la flûte femelle ; voici les Romains avec leurs *cornus* de bronze, leurs longues tubas « aux sons éclatants et brisés, » dit Virgile, leurs buccines rustiques tordues en spirales. Les Perses, les Égyptiens, les barbares, choquent les cymbales, agitent les sistres et sonnent de la trompette. L'Angleterre a les harpes de ses bardes et les cornemuses de ses *highlanders* ; la blonde Germanie se prépare dans les religieuses harmonies de l'orgue et du théorbe aux massacres et aux pillages « que Dieu bénit ; » l'Italie saute ses tarentelles et tourne ses farandoles au son des violons et des tamburellos ; l'Espagne danse ses cachuchas au bruit des castagnettes et des tambours de basque, et accompagne sur les mandolines ses sérénades amoureuses. L'âme de la France chante l'hymne des lointaines revanches dans les clairons de ses soldats et dans les fifres stridents de ses enfants de troupe.

On a dit que nul n'a peint les enfants aussi bien que Victor Hugo. On en pourrait dire autant de M. Baudry. Les génies adolescents qui peuplent ses médaillons sont adorables et tout à fait personnels. Ils ne rappellent ni les amours aux formes pleines de Raphaël, ni les amours aux contours ondoyants et aux chaudes carnations du Corrège, encore moins les amours joufflus et potelés de Boucher. Peints dans une tonalité nacrée et lumineuse, les enfans de Baudry réalisent un type androgyne où s'allient les contours qui commencent à s'arrondir de la jeune fille et la svelte silhouette des éphèbes. Ils sont ainsi d'une élégance et d'une grâce incomparables. On ne saurait exprimer par des mots la candeur, l'éclat, le charme de leurs bouches souriantes et de leurs grands yeux bleus étonnés.

C'est la volonté particulière dans le type qui accuse l'originalité incontestable de Paul Baudry. Ces types, cherchés et trouves, qui sont bien à lui, on sent qu'il les a mûris et caressés de longues années, qu'il leur a rarement été infidèle. Dans les figures de femmes, Baudry réalise le type divin de la grâce et de la force des Cybèles et des Èves. Il veut que la femme, qui est l'amante, mais qui est aussi la mère et la nourrice, donne l'impression de puissance. C'était d'ailleurs l'idée hellénique à la grande époque de l'art, caractérisée par la Parque du Parthénon et la Vénus de Milo. Pour les figures d'hommes, Baudry, si absolument païen et antique dans les types de femmes, a l'idéal moderne. Les Hercules des âges héroïques, qui purgeaient la terre des monstres, les athlètes grecs, qu'on couronnait aux jeux olympiques, les paladins du xv\ :\ :e siècle, qui devaient combattre, tout bardés d'acier, avec des épées de cinq pieds, ont fait leur temps. Quoique Baudry admire Michel-Ange, quoiqu'il l'ait sérieusement étudié et fidèlement copié, il fuit l'expression de la force musculaire, et cherche l'expression de la force nerveuse. Les muscles tendus et gonflés de l'Hercule Farnèse et du Jésus réprouvant les damnés du *Jugement dernier* ne le séduisent point. Il préfère le *Persée* de Cellini et plus encore l'admirable *David* du Donatello. En résumé, Baudry cherche le type androgyne dans la forme humaine. Il peint l'homme dans sa svelte jeunesse, la femme dans son opulente maturité ; il donne à celui-là l'élégance, à celle-ci la force. L'homme représente la grâce dans son apparente faiblesse, la femme représente la grâce, mais dans sa mâle puissance et dans sa majesté. Que l'on compare dans le tableau des *Bergers* la femme qui trait la brebis et l'homme qui joue de la syrinx, et on aura la démonstration visible de ceci. Dans toutes les autres décorations, on retrouvera, sous mille modifications, ce même type et ce même contraste de la force de la femme et de l'élégance de l'homme : la femme primitive et le Polygnote des *Poètes*, le Paris et la Vénus du *Jugement de Pâris*, l'Orphée et l'Eurydice de la *Descente aux Enfers*, le Mercure et la Clio du *Parnasse*, les Muses des voussures et les enfants des médaillons.

Faut-il encore reparler du dessin large et serré, au trait si sûr et au goût si pur, du ferme modelé, du mouvement superbe, des savantes dégradations du clair-obscur de la nouvelle œuvre de Baudry ? Y a-t-il à vanter cette couleur légère, vive, lumineuse, variée d'effets, où s'allient dans une claire harmonie les tons mats et neutres de la détrempe, les tonalités brillantes et solides de l'huile, et les nuances les plus délicates et les plus vaporeuses de l'aquarelle ? Encore qu'elle soit un peu confuse et tourmentée, la composition s'ordonnance bien. Une seule chose peut-être manque à M. Paul Baudry dans certaines parties de son œuvre : c'est la simplicité. Nous n'aurions garde de dire que son style, qui atteint souvent à la grandeur, soit maniéré et affecté ; mais la science apparaît trop dans l'art. Il y aurait plus de naïveté que l'originalité du premier peintre contemporain s'affirmerait plus encore. Pour les menus reproches qu'on faisait aux voussures à l'École des Beaux- Arts, la disproportion des mains et des pieds, l'extrême audace de certains raccourcis, choses qu'exigeaient les surfaces courbes que les peintures devaient occuper, ces prétendus défauts ont disparu quand les panneaux ont été en place. Malheureusement combien aussi d'adorables contours, de ravissantes expressions, de finesses de tons, sont perdus à cette hauteur ! On distingue à peine les grandes masses ; tous les détails échappent. La peinture peut être vue à neuf mètres, comme les loges de Raphaël, à douze mètres même, comme le plafond de la Sixtine ; mais à dix-huit mètres on ne devrait placer que de la mosaïque ou de larges décorations. De plus, aux angles du foyer, les énormes amours en ronde bosse et les lourds reliefs des compartiments cachent plusieurs figures. Enfin les ors blancs trop brillants des ornements en saillie atténuent l'éclat du coloris. On parle déjà de retirer les peintures de Baudry, qu'on copierait en mosaïque pour le foyer, et de les placer dans quelque musée ou dans quelque monument public. Cette idée vaut qu'on y songe, car il est inadmissible qu'une des œuvres les plus importantes de ce temps soit ainsi sacrifiée.

Section III

Les deux salons octogones qui, prolongeant la perspective, s'ouvrent aux deux extrémités du foyer, sont décorés de trois grands tympans et d'un plafond ovale. M. Félix Barrias a peint le salon de droite, et c'est M. Delaunay qui a été chargé de la décoration du salon opposé.

Les tympans de M. Barrias personnifient *la Musique dramatique*, *la Musique amoureuse*, *la Musique champêtre*, le plafond représente *les Dieux de l'Olympe*. Appuyé contre un sarcophage de marbre blanc, Apollon tient de la main gauche la lyre en écaille de tortue. De la main droite étendue, il semble déchaîner les cris et les gémissements de la musique dramatique. Un vent furieux qui s'engouffre dans les plis de la chlamyde du dieu fouette ses cheveux, les ramène en avant, et le coiffe ainsi comme un dandy de 1825. C'est un Apollon grelottant. À gauche, deux femmes demi-nues, gracieusement enlacées, volent vers le dieu. Le premier plan est occupé par une source couverte d'ajoncs et de nénufars, d'où sort une naïade, le buste entier hors de l'eau. C'est une heureuse création que ce joli type de jeune fille dont les formes, encore indécises, s'accentuent déjà. La figure, d'un dessin élégant, est bien modelée, et la couleur est agréable, quoiqu'un peu terne. De l'autre côté de la composition se groupent deux pleureuses antiques, le teint hâve, les yeux rougis, les traits tirés. Les raccourcis des bras sont mal rendus. Le bras de la femme en deuil paraît trop long, et l'avant-bras de la jeune fille drapée de violet semble trop court. Dans le fond, une femme à demi nue est couchée contre un arbre dont le tronc cotonneux est si galant qu'il s'ouvre et qu'il se ploie comme pour former un lit. Littéralement la belle endormie est encastrée dans l'arbre.

Pour symboliser la musique pastorale, M. Barrias a peint l'éternelle scène de la Sicile ou de la campagne de Rome, inspirée par les *Idylles* ou par les *Bucoliques*. C'est pendant l'ardeur du jour ; un pâtre assis sur un tertre, *à l'ombre d'un hêtre*, accompagne de la flûte une jeune fille qui chante, un papyrus déroulé à la main. Un laboureur couché sur l'herbe reçoit de son compagnon une coupe de bois remplie de lait. Une femme sommeille, la tête posée sur la poitrine robuste du laboureur. A gauche du joueur de flûte, une femme étendue donne le sein à son plus jeune enfant, tandis que l'aîné, un gamin de quatre ans, se roule sur l'herbe en soufflant dans une double flûte. Cette scène n'est pas dépourvue d'un certain caractère. La *Musique amoureuse* représente une scène du Décaméron, dont les dix jours ont été dix siècles de la molle Campanie. Par une claire nuit du ciel napolitain, dans le jardin de quelque villa patricienne, un jeune chevalier parle d'amour à sa maîtresse, tandis que deux aulètes et un cythariste accompagnent ses paroles sur le mode ionien. Le couple est mollement étendu sur une large balustrade de marbre, qui par parenthèse semble une couche un peu dure pour des Campaniens, voisins et rivaux des Sybarites. Au loin, la mer s'étend jusqu'à Neapolis, dont on voit briller les lumières nocturnes. La figure de la jeune femme couchée, seul point clair du tableau, est d'une gracieuse attitude, mais l'expression et les traits sont vulgaires.

Le plafond est occupé par une grande composition mythologique. La scène se passe dans le ciel, comme disaient les vieux mystères des confrères de la Passion ; mais est-ce le ciel des olympiens ou le système planétaire personnifié ? Si la première conjecture est juste, pourquoi cette abondance de sphères sur lesquelles s'appuient toutes ces figures : Mars, travesti en soldat romain, Vénus, d'une charmante pose, mais d'un dessin lâché (l'attache de la jambe gauche tout à fait manquée), Diane, qui, en dépit des ombres bleuâtres qui marbrent son dos, profile une jolie silhouette renaissance ? Si nous devons admettre la seconde conjecture, pourquoi Iris, qui n'a jamais été identifiée avec une planète ? Au milieu du plafond, Apollon, qui conduit le quadrige d'Hélios, s'enlève en clair sur l'orbe blanc et lumineux du soleil. On comprend l'effet de hauteur et d'éloignement cherché par cette note décolorée contrastant avec les tons vigoureux des autres figures. M. Barrias a ainsi obtenu une grande perspective. Sa figure d'Apollon plafonne bien et se perd dans l'immensité ; mais ne semble-t-elle pas une grisaille au milieu d'une peinture ?

Jugées dans leur ensemble, les décorations de M. Félix Barrias méritent certains éloges. La composition, ingénieuse et symétrique, ne manque pas de style. Il y a de jolies attitudes, mais les physionomies sont communes. Si la couleur, dont les teintes sont rompues, timides, ternes, ne donne pas aux yeux le plaisir que leur causent les beaux tons, les riches carnations, les draperies éclatantes, les lointains vaporeux, les premiers plans en vigueur, enfin tous les mirages et tous les régals de la palette des coloristes, elle n'a pas non plus ces crudités, ces dissonances, ces folles débauches, ces éclats offensants des faux coloristes. Les figures de femmes ont de gracieux contours ; malheureusement il n'y a rien dans ces contours, ni modelé, ni relief, ni chair même. Les figures d'hommes, d'un dessin très dur, sont plates. Le corps humain doit se modeler par le relief dans l'air ambiant et non s'y découper par de secs contours. Delacroix avait peut-être raison quand il disait : « Il n'y a point de contours. »

Passons au salon de gauche, décoré par M. Delaunay. Le plafond représente le *Zodiaque*, les tympans latéraux *Amphion* et *Orphée et Eurydice*, le tympan central *Apollon* recevant la lyre. Au milieu du tableau, Apollon, — un Apollon inspiré comme un poète de la restauration, — prend une grande lyre d'ivoire que lui apporte à tire-d'aile un génie d'une maigreur ascétique. J'avais d'abord pris la lyre pour un trapèze, car le génie la soutient si malheureusement qu'il semble se livrer à des exercices gymnastiques, Au premier plan, à l'ombre de l'arbre à pomme d'or et à feuilles de zinc vert des Hespérides, se découpent avec des contours noirs, comme les lignes d'un dessin au crayon, trois figures de femmes. L'une de ces femmes, celle qui est assise, n'est pas sans charme ; aussi paraît-elle bien étonnée de se trouver en si déplaisante compagnie. Dans l'angle opposé, un jeune berger, la face boursouflée, s'abreuve à la fontaine d'Hippocrène, qui jaillit d'un rocher peint avec de la mine de plomb. Près de là, deux femmes, l'une drapée de bleu, l'autre nue, tressent des guirlandes de fleurs. La femme nue est fort singulière comme structure. Sur des hanches saillantes et un bassin énorme qui semblent faits pour supporter les larges épaules des sibylles de Michel-Ange et les puissantes mamelles des déesses de Rubens, le peintre a posé un buste grêle, des épaules étroites et des bras maigres et incommensurablement longs. Il y a bien des couleurs dans ce tableau ; il y a des verts métalliques, des jaunes d'or, des rouges ardents, des bleus éclatants, des blancs aveuglants, mais de la couleur point. C'est la vieille histoire du régent, à qui les fées avaient à sa naissance fait don de toutes les qualités, excepté d'une seule : celle de savoir se servir des autres.

Dans l'*Amphion*, le poète assis, sa lyre à la main, préside à la construction d'un édifice dont s'élèvent déjà les premières assises. À sa voix, de petits génies taillent des blocs de marbre, que d'autres génies portent et juxtaposent. C'est défigurer le mythe. Il n'est dit nulle part qu'au son de la lyre d'Amphion des génies, maçons et tailleurs de pierre, sortissent de terre. Les pierres se plaçaient d'elles-mêmes. Au reste, ce sujet convenait-il bien au nouvel Opéra ? Ne pense-t-on pas involontairement, en regardant ce roi de Thèbes qui élevait si vite et à si peu de frais tant de beaux édifices, au moderne Amphion qui a dû mettre tant de temps et jeter tant de millions pour construire un monument d'un style fort discutable ?

Le troisième tympan est consacré à la dernière étape du voyage infernal d'Orphée. C'est à l'entrée de l'Averne. D'un gouffre bordé de grands rochers gris s'exhalent ces vapeurs sulfureuses mortelles aux oiseaux dont parle Virgile. Perché debout sur la pointe d'un rocher, Mercure contemple avec amour le caducée qu'il tient à la main. On dirait qu'il porte pour la première fois ce noble attribut. Quant à Orphée et à Eurydice confiée à sa garde, il ne s'en inquiète nullement. Un peu plus à droite et sur le même plan, Eurydice, enveloppée d'une draperie céruléenne et couronnée de blanches asphodèles, donne la main à Orphée, qui la précède, toujours sur le même plan. Orphée et Eurydice sont vus de profil. Ces trois figures, placées sur le même plan et si peu liées l'une à l'autre qu'on pourrait faire de ce panneau trois tableaux distincts, ont la composition fort simple des premiers vases étrusques, ou, si on aime mieux, de nos ombres chinoises. Le dessin sec et anguleux et les corps sans relief complètent l'illusion. Cela figurerait très bien comme transparent à la prochaine reprise d'*Orphée aux Enfers*. Le Mercure cependant a une jolie tête grecque, petite et reposant sur un cou court et solide. Son corps aurait un galbe élégant, s'il n'était alourdi par une trop grande abondance de muscles qui ressortent et brisent la ligne des contours. Tous les muscles agissent dans cette figure au repos ! Pour l'Orphée, il est vraiment si déplaisant qu'on félicite Eurydice de retourner aux enfers.

Avant de quitter le foyer, signalons, afin d'être complet, les deux plafonds des petits salons par M. George Clairin, et les figures en mosaïque du plafond de l'avant-foyer, exécutées d'après les cartons de M. Gurzon. M. Clairin a peint deux génies de la famille de celui de *la Lampe merveilleuse*. Ils sont maigres et bronzés, avec d'immenses ailes noires. L'un d'eux vole dans l'espace accompagné d'un petit amour joufflu qui tient un bout de draperie rose d'un ton très fin. Ce rose, posé à côté du noir des ailes et du bleu ardent du ciel, donne un effet de couleur très personnel. Les mosaïques représentent *Diane et Endymion, Orphée et Eurydice,* l'*Aurore et Céphale, Psyché et Mercure.* Il n'y a pas à se tromper, les noms y sont, et inscrits en grec. Malgré une recherche d'archaïsme manifeste, M. Curzon n'est point parvenu à atteindre au style dans ses figures.

C'est M. Pils qui a peint les caissons de la voûte du grand escalier. Au premier aspect et encore qu'elles plafonnent mal à cause de l'oubli des lois les plus élémentaires de la perspective décorative, ces grandes figures allégoriques font un certain effet. L'œil est attiré par cette composition théâtrale et mouvementée, et par ces violentes oppositions de tons dans une gamme de couleurs dures, d'autant plus accentuée qu'elle ressort sur le blanc de l'entablement et des arcades supérieures. La mer d'or du foyer est un cadre un peu trop éclatant pour les peintures des plafonds et des voussures ; la vaste nappe blanche de l'escalier n'est pas non plus de nature à faire valoir les peintures de la voûte. Les trumeaux du XVIIIe siècle s'accommodaient fort bien d'une bordure blanche, rechampie d'ailleurs le plus souvent de filets d'or, roses ou vert tendre ; mais, sans parler des camaïeux appropriés exactement à la tonalité générale de la pièce, ces peintures avaient des nuances claires, des touches légères, des tons vaporeux qui restaient dans le cadre ; elles n'en sortaient pas et n'y rentraient pas, elles n'y faisaient ni trous ni saillies comme les taches trop vigoureuses des peintures de M. Pils. Si au moins ces peintures avaient l'éclat et la lumière, on leur pardonnerait aisément leur tonalité brutale ; mais lumière et éclat y manquent également. Cela tient surtout à ce que le peintre, sans doute dans une recherche d'effet original dont il faut lui tenir compte, a éclairé toutes ces figures par derrière au lieu de les éclairer par devant ou obliquement. Ainsi draperies, torses, bras, faces, tout est dans une demi-teinte fausse et terne. Seul, le bord des contours est léché par la lumière. Nous avons déjà vu de ces tentatives dans des peintures décoratives qui, faisant mouvoir leurs figures dans le ciel, devraient logiquement être éclairées par derrière. Et ces figures qui sont comme transparentes nous ont toujours rappelé les lanternes vénitiennes. C'est de l'illumination, soit ; ce n'est pas de la lumière.

Dans le caisson de droite, M. Pils a représenté les dieux de l'Olympe, et plus spécialement la naissance du cheval, don de Neptune, et la création de l'olivier, don de Minerve. Au centre de la composition, la Renommée planant dans le ciel couronne une Minerve, grêle et longue comme une muse d'Ossian, qui tient dans sa main le rameau d'olivier. Près de la déesse protectrice des cités, Hébé, les seins nus, caresse l'aigle. Dans l'angle de droite, une mer écumante, autant que peut écumer une mer qui a les arêtes aiguës et la lourdeur des plaques de métal, vient battre jusqu'aux pieds de Neptune et d'Amphitrite. De l'écume des vagues jaillit un grand cheval noir. De l'autre côté, une Vénus toute blanche contraste par sa blancheur et son élégance avec le gros corps rouge de Vulcain, qui montre sa puissante échine. Ce groupe assez réussi est déparé par un méchant Amour, tout maussade d'avoir un si vilain corps. Il y a au reste dans l'intérieur du galbe de la Vénus des lignes fléchissantes qui sont peut-être très vraies, mais qui sont tout à fait disgracieuses. Au fond, comme dans un brouillard d'or, s'estompent les figures de Jupiter et de Junon.

La seconde composition de M. Pils pourrait s'appeler le Dompteur de tigres ou le Triomphe de l'harmonie et de l'anachronisme. Apollon, entouré de tigres, racle une énorme contre-basse. Près du dieu se tient un groupe de nymphes ; l'une d'elles a de charmantes formes et une attitude pleine de grâce. Les premiers plans sont occupés par deux amans à qui un Amour verse à boire, et par une nouvelle troupe de tigres, au milieu desquels un cavalier couvert de l'armure cannelée du xve siècle sonne de la trompette. Derrière ce paladin égaré dans cette scène mythologique flottent des étendards bariolés et s'agitent des hommes d'armes. L'édification du nouvel Opéra fait le sujet du troisième panneau. Au second plan, à droite, la ville de Paris, personnifiée par une jeune femme vêtue de vert, reçoit des mains de l'Architecture le plan du nouvel Opéra. On en distingue parfaitement les principales lignes. Paris tient l'épée et l'écusson au chef d'azur fleurdelisé d'or. Une naïade couchée à ses pieds, sur une urne fluviale, symbolise la Seine. À gauche, la Peinture, la Sculpture et la Musique portent leurs attributs caractéristiques. Au fond galope un Pégase, d'un blanc marmoréen, dont l'énorme corps à la Van der Meulen est supporté par de véritables pieds de cerf. On peut douter qu'ainsi conformé ce noble animal fournisse une bien longue course. Le dernier panneau représente Apollon conduisant le quadrige du soleil et couronné par la Victoire. Au premier plan s'étend un lourd nuage gris de fer, qui porte la sibylle et son trépied fumant. La Victoire est légère et de formes assez pures, mais elle a moins l'air d'une Victoire couronnant un dieu que d'un premier sujet essayant une pointe au foyer de la danse. Pour le chétif Apollon qui conduit son quadrige dans une raideur toute britannique, il est littéralement en bois vernissé comme les idoles de l'Inde.

Section IV

La décoration de la coupole de la salle à été confiée à M. Lenepveu, aujourd'hui directeur de l'école de Rome. À cause de la forme de cette coupole, qui s'étend en tournant entre les médaillons de l'entablement et les plaques de métal découpées en rayons où s'attache le lustre, le peintre ne pouvait pas faire une composition symétrique, avec point central, comme dans toute sorte de plafonds. Il devait peindre une frise assez étroite, peuplée de figures détachées. La difficulté même de cette composition, où il était impossible qu'il y eût un groupe principal, a inspiré à M. Lenepveu un sujet original. Au lieu de peindre quelque Parnasse avec Apollon et son luth, ou quelque Olympe avec Jupiter et son aigle, il a représenté les heures du jour et de la nuit dans leur acception métaphorique. Ce ne sont point les Heures classiques des mythes grecs, qui président à la succession des temps et qui mesurent l'éternité, ce sont les Heures créées par l'imagination moderne, qui inspirent et qui accompagnent l'homme dans ses labeurs, dans ses plaisirs et dans ses pensées. L'heure du travail est personnifiée par une femme assise sur un nuage et tenant un compas dans sa main. Une belle fille nue, couchée au milieu d'Amours qui lui présentent des fleurs et un miroir, figure l'heure de la toilette et de la coquetterie. Un joli groupe renversé, qui agite des marottes à grelots, marque l'heure de la folie. La Renommée, planant dans le ciel avec sa trompette et sa couronne de laurier, doit être identifiée avec l'heure de la gloire. Un enfant sonnant du cor annonce l'heure de la chasse ; l'Abondance, répandant les joyaux de sa corne, symbolise l'heure de la richesse. Voici une bacchante échevelée qui boit dans une coupe d'or, c'est l'heure de l'ivresse. Voici une nymphe qu'Éros appelle, c'est l'heure de l'amour. Voici une femme qui, les bras joints au-dessus de la tête dans une charmante attitude, s'enlève diaphane et translucide sur une nuée vaporeuse, c'est l'heure des visions du sommeil. M. Lenepveu aurait pu éviter l'heure du crime : un blême jeune homme drapé de rouge qui serre fiévreusement dans sa main le manche d'un poignard ensanglanté. Ces diverses figures sont baignées de lumière, plongées dans l'ombre ou voilées par la demi-teinte, selon qu'elles occupent telle ou telle partie de la coupole, car le peintre a scindé sa composition en quatre effets lumineux habilement dégradés. Ici brille le jour, là s'étend la nuit, à gauche naît l'aurore, à droite meurt le crépuscule. Tout ceci est traité dans le style habile et pompeux de l'école de Bologne. Les figures plafonnent bien dans les lignes fuyantes et les profondeurs de la perspective décorative. Certaines ont des enlacements heureux, des flexions charmantes, des attitudes gracieuses et enlevées, des raccourcis savants. La couleur un peu sombre, surtout du côté de la nuit et du crépuscule, et toujours dure, a cependant quelques jolis tons dans les endroits où le bleu du ciel perce les nuages. On regrette que les visages aient été exécutés avec une pareille négligence. Les têtes sont à peine dégrossies. Enfin les figures du premier plan sont démesurées ; elles jurent par leur masse avec les figures élégantes du second et du troisième plan. La disproportion est aussi choquante que si les statues de villes de France de la place de la Concorde descendaient de leur socle et marchaient au milieu des promeneurs.

Les profanes ne pénétreront pas dans le foyer de la danse. Ils ne seront donc pas admis à voir les peintures de M. Gustave Boulanger, qui décorent ce sanctuaire sacro-saint. Ils n'ont guère à s'en plaindre. M. Boulanger, qui s'est conquis une certaine réputation en exposant à chaque Salon alternativement des petits bains grecs et des petits cavaliers turcs, s'est trouvé tout dépaysé, il faut le reconnaître, quand il s'est agi de traiter des figures de grandeur naturelle. S'il n'est pas vrai que qui peut le plus peut le moins, il est bien certain que qui peut le moins ne peut pas le plus. Les qualités du peintre de genre se perdent dans les grandes lignes et dans les grandes masses de la peinture d'histoire ; ses défauts s'y accusent, comme s'accusent au microscope les rides, les taches et la trame épidermique du plus beau visage de femme. Les imperfections, les négligences, les à-peu-près du dessin deviennent des monstruosités. Le dessin est-il indécis, il devient lâche ; est-il dur, il prend la rigidité des figurines de bois. Les papillotages de couleur, qui ont leur effet dans un petit cadre, sont insupportables sur une grande toile. D'autre part, un coloris anémique, sans fraîcheur et sans éclat, est d'autant plus déplaisant qu'il couvre une grande surface. Le style enfin, dont on peut pardonner l'absence dans les tableaux de genre, est la première condition de la grande peinture. la gentille marionnette gentiment attifée n'est plus qu'un mannequin quand elle grandit.

Outre les médaillons ovales des voussures, où sont peints avec le relief du papier et la couleur des images d'Epinal les portraits des plus célèbres danseuses de l'Opéra, M. Boulanger a au foyer de la danse quatre grands panneaux représentant la danse champêtre, la danse bachique, la danse amoureuse et la danse guerrière. Dans la *Danse champêtre*, qui est la meilleure toile des quatre, les figures prises à l'antique ont des contours assez délicats et des attitudes gracieuses en dépit de l'affectation. La *Danse bachique* montre les formes exubérantes et les blancs fouettés en rose des imitateurs malheureux de Rubens. On dirait que Wiertz, le trop fameux peintre belge, est passé là avec son crayon ambitieux et sa palette crayeuse. À l'exposition des Beaux-Arts, le public a jeté de grands cris devant le panneau qui représente la *Danse amoureuse*. La pudeur s'est effarouchée des déhanchements, des torsions, des cambrures de reins de ces figures nues drapées d'écharpes complaisantes. On a répété, en le modifiant un peu, le mot de messer Biagio, qui disait que les nudités de la Sixtine seraient plutôt faites pour une salle de bains que pour une chapelle chrétienne. Ces femmes sont en effet plus lascives qu'amoureuses ; mais la pudeur de nos contemporains s'est émue à bien bon marché. D'une part, le foyer de la danse ne peut pas être considéré comme une sacristie ; d'autre part, les figures de ce tableau sont si plates, le sang circule si pauvrement dans leurs chairs, elles remuent si peu malgré leur agitation, que personne à coup sûr ne rêvera d'elles. La *Danse guerrière* n'est pas la danse guerrière ; c'est la danse funambulesque. Ces mouvements violents et ces faces grimaçantes n'ont rien d'héroïque. Le guerrier de droite a l'air d'un sapeur en goguettes. Le grand et maigre guerrier qui élève un bouclier me rappelle, avec sa chair blême, sa draperie blanche, sa bouche béante, ses yeux écarquillés, Debureau dans *Pierrot croque-mort*, cette pantomime tragi-bouffonne.

Les peintures du nouvel Opéra, qui forment à elles seules comme un *salon*, — salon qui pourrait être, au point de vue esthétique, d'un intérêt plus sérieux que l'exposition annuelle des Champs-Elysées, — annoncent-elles une renaissance de la peinture décorative, un retour au grand art ? Il n'y a pas à s'illusionner sur ceci. Sauf M. Paul Baudry, qui a toujours fait du grand art, qui s'est nourri de la moelle des lions, et qui, il y a quinze ans déjà, peignait dans certain hôtel des Champs-Elysées l'admirable plafond de la *Nuit* et les belles voussures des *Baigneuses*, des *Guerriers*, des *Pasteurs* et des *Amoureuses*, tous les peintres du nouvel Opéra n'ont réussi qu'à marquer une fois de plus la décadence de la grande peinture. Plusieurs ont fait de louables efforts pour atteindre au style ou pour donner une note originale, mais ces efforts n'ont pas été récompensés par le résultat obtenu. Les autres n'ont même pas fait le moindre effort et se sont traînés dans les poncifs. Ce qui doit surtout inquiéter, c'est cette pauvreté d'imagination. S'il y a trop de lyres dans l'ornementation de l'Opéra, on peut dire qu'il y a trop d'Apollons dans la décoration. Nous en avons compté près de quinze dans les trente-trois grandes compositions. Cela a l'air d'un concours pour le prix de Rome sur un sujet donné. Nous savons bien que la peinture décorative est toujours forcée de prendre ses figures parmi ces types des mythes grecs qui depuis trois fois dix siècles brillent au ciel de l'art. Certes Beethoven à son clavecin ou Auber en habit d'académicien serait moins décoratif qu'Orphée ou qu'Amphion, la cithare a des formes tout autrement élégantes que le piano à queue ; mais ne peut-on pas rajeunir ces figures antiques, soit en les interprétant d'une façon moderne, comme l'a fait M. Baudry dans ses Muses, soit en les ressuscitant par l'étude profonde de leur type ? De plus, la mythologie est assez riche pour qu'on puisse à l'infini y trouver sinon des figures inconnues, du moins des scènes nouvelles. L'*Iliade*, la *Théogonie*, les *Métamorphoses* suffisent à cela. Il est désespérant de voir dans la même salle, à dix mètres l'un de l'autre, ce même sujet d'Orphée et d'Eurydice à la sortie des enfers, peint, le premier, par M. Baudry, le second par M. Delaunay. Sans tomber non plus dans des symbolisations excentriques, comme ce sculpteur du nouvel Opéra qui a personnifié par quatre figures de femmes le gaz, la bougie, l'huile et la lumière électrique, il est permis de créer certaines allégories où peut s'accuser l'originalité de l'artiste.

Malgré tout, nous nous refusons à croire qu'il faille prononcer l'oraison funèbre de la grande peinture dans cette France qui est depuis deux siècles la patrie des peintres. Nous pensons qu'il y a encore des artistes qui ont l'amour du style et le mépris des sentiers battus. Il en est plusieurs qu'on pourrait citer, M. Puvis de Chavannes entre autres. On s'est étonné à juste titre que l'architecte du nouvel Opéra n'ait pas confié quelque travail important à cet artiste qui le premier de tous est revenu aux principes de la peinture décorative dans *la Paix* et *la Guerre*. M. Puvis de Chavannes était digne de lutter avec M. Paul Baudry. S'il n'a pas son dessin impeccable et sa vive couleur, il n'a pas moins que lui le sentiment du grand style, et il a des qualités de simplicité qui manquent quelquefois à celui-ci. Il est vrai que M. Puvis de Chavannes n'appartient pas à l'école de Rome, ce qui est, paraît-il, un crime irrémissible. On va bientôt entreprendre la décoration du Panthéon, cette idée si souvent reprise et si souvent abandonnée. Espérons qu'une pareille œuvre ne sera pas exclusivement livrée à une école qui a certes donné de très grands peintres, mais loin de laquelle se sont aussi créés et développés de puissantes originalités et de vigoureux génies, comme Eugène Delacroix. Espérons que la décoration du Panthéon, à laquelle auront été appelés, sans parti-pris d'école, les peintres qui ont le talent et la volonté, M. Paul Baudry en tête, sera une œuvre d'une tout autre signification pour l'art que le nouvel Opéra.

ISBN : 978-1984210210

www.ingramcontent.com/pod-product-compliance
Lightning Source LLC
Chambersburg PA
CBHW070931220526
45468CB00005B/1735